ORAISON FUNÈBRE

DE

Mgr FOURNIER

ÉVÊQUE DE NANTES

PRONONCÉE PAR

MONSEIGNEUR L'ÉVÊQUE D'ANGERS

DANS LA CATHÉDRALE DE NANTES

LE 30 JUILLET 1877

PARIS

E. DE SOYE ET FILS, IMPRIMEURS

5, PLACE DU PANTHÉON, 5

1877

ORAISON FUNÈBRE

DE

MONSEIGNEUR FOURNIER, ÉVÊQUE DE NANTES

ORAISON FUNÈBRE

DE

Mgr FOURNIER

ÉVÊQUE DE NANTES

PRONONCÉE PAR

MONSEIGNEUR L'ÉVÊQUE D'ANGERS

DANS LA CATHÉDRALE DE NANTES

LE 30 JUILLET 1877

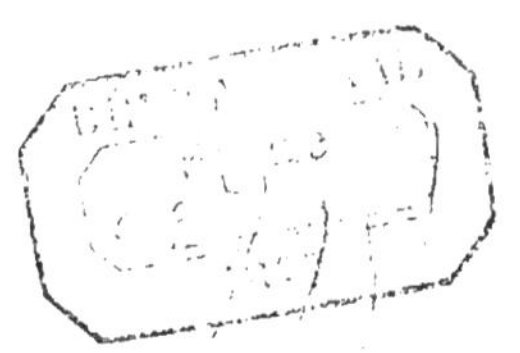

PARIS
E. DE SOYE ET FILS, IMPRIMEURS
5, PLACE DU PANTHÉON, 5

1877

ORAISON FUNÈBRE

DE

MONSEIGNEUR FOURNIER, ÉVÊQUE DE NANTES

Hic est fratrum amator et populi Israel.
Il aimait ses frères et tout le peuple d'Israël. (II *Machabées,* XV, 14.)

MESSEIGNEURS, MES FRÈRES,

Ce mot de la sainte Ecriture, nous l'avons trouvé sur toutes les lèvres au jour des funérailles de votre bien-aimé Pasteur. Et mieux encore que la parole, le spectacle dont nous étions témoins nous disait que jamais louange n'avait été plus méritée. Ce deuil public, cette foule silencieuse et recueillie, ces maisons tendues de noir depuis le magasin somptueux jusqu'à l'humble mansarde, cette marche funèbre qu'on eût dit plutôt une marche triomphale, ce cercueil escorté de tant d'honneurs et de regrets, ces démonstrations unanimes d'une grande cité associée tout entière aux tristesses de la famille sacerdotale, tout cela proclamait plus hautement que n'auraient pu le faire les plus éloquents discours, combien cet évêque avait aimé ses frères : *Hic est fratrum amator.*

Mais le peuple d'Israël, à son tour, c'est-à-dire l'Eglise, pouvait-il rester insensible à la perte de celui qui l'avait tant aimé? A l'exemple du prophète loué dans les paroles de mon texte, votre zélé pontife avait prié, travaillé, combattu pour le peuple et pour toute la cité sainte : *Pro populo et universa sancta civitate.* Votre deuil, mes Frères, devait être un deuil pour tous : pour l'Eglise romaine, dont les prières ont accompagné dans l'éternité le pieux évêque qui était allé porter ses dernières forces aux pieds du Souverain-Pontife; pour l'Eglise de France, au sein de laquelle il s'était acquis tant d'estime et de sympathie; pour la province ecclésiastique de Tours, qu'il réjouissait par l'éclat et la vivacité de sa verte vieillesse; pour la patrie elle-même, à laquelle, en des temps difficiles, il avait apporté le concours de ses lumières et de son dévouement. Plus il avait aimé et servi toutes les grandes et nobles causes, plus il méritait cet éloge sorti de toutes les bouches : *Hic est fratrum amator et populi Israel.*

Hélas! vénérable Frère, ce n'est pas dans une cérémonie funèbre comme celle-ci que nous nous proposions de célébrer vos longs services. Encore quelques jours, et nous allions nous réunir autour de vous, pour saluer cette couronne d'honneur que la vieillesse met au front de ceux qui ont marché dans les voies de la justice : *corona dignitatis senectus quæ in viis justitiæ reperietur* (1). Vos collègues dans l'épiscopat, vos prê-

(1) Proverbes, XVI, 31.

tres, vos fidèles diocésains, tous se faisaient une fête de répéter d'une même voix au souvenir de vos cinquante années de vie et de vertus sacerdotales : *Jubilæus est et quinquagesimus annus* (1). Et en place de ces joies chrétiennes, nous n'avons trouvé que des larmes, une mort inattendue, un cercueil ramené de la terre étrangère, si Rome, la patrie de tous les chrétiens, pouvait jamais être appelée de ce nom. Mystérieuse disposition de cette Providence souveraine qui, pour nous avertir du néant de nos destinées, substitue ses pensées aux nôtres, et fait évanouir nos desseins dans les profondeurs de ses impénétrables conseils !

Mais du moins la matière de nos louanges nous reste-t-elle tout entière dans les œuvres qui en sont le motif et le fondement ; et il semble même que la mort, cette révélatrice suprême des grandes vies, soit venue répandre de nouvelles lumières sur des mérites déjà si éclatants. Est-il un témoignage à la fois plus émouvant et plus sûr que celui de tout un peuple venant exprimer ses sentiments sur une tombe qui va se fermer pour toujours ? Aussi, mes Frères, ne chercherai-je pas la pensée ni l'ordre de mon discours en dehors de la devise que vous placiez naguère autour du cœur de votre Evêque, et qu'il avait adoptée lui-même comme la règle de sa vie. Avant comme après son élévation à l'épiscopat, il a aimé ses frères : *Hic est fratrum amator;* il a aimé l'Eglise : *et populi Israel.* Et ce double amour, manifesté par un dévouement à toute épreuve, a été la source de son mérite devant Dieu et aux yeux des hommes. Telle sera la substance de l'éloge que je me propose de consacrer à la mémoire de votre révérendissime et illustrissime Père en Dieu, Monseigneur Félix Fournier, évêque de Nantes.

(1) Lévit., xxv, 11.

I

Ce n'est pas sans émotion que je relisais, ces jours derniers, la belle page où saint Grégoire de Nazianze fait l'éloge de sa ville natale, devenue le théâtre de son ministère de prêtre et d'évêque, après avoir été le berceau de son enfance. « Nous sommes en petit nombre, s'écriait-il au lendemain de son ordination ; l'on pourra dire de nous que notre tribu est la moindre parmi les enfants d'Israël, que nous comptons pour peu de chose dans l'armée de Juda, *qui exiguo numero sumus, qui minimæ tribus inter filios Israel, qui paucissimi in millibus Juda ;* mais ce que je n'accorderai jamais, c'est que les plus vastes cités, les troupeaux les plus nombreux nous soient préférables en aucun point ; *nec vero concedam ut amplissimæ civitates gregesque latissimi nobis ulla in re præferantur* (1). » Touchante effusion d'un noble cœur, en qui le sentiment patriotique s'unissait à l'esprit religieux, pour produire un attachement inviolable ! Aussi le grand évêque pouvait-il ajouter à juste titre, en s'adressant à ses concitoyens devenus ses enfants dans la foi : « S'il est dû davantage à celui qui a plus aimé, dans quelle mesure votre charité devra-t-elle répondre à la mienne, pour acquitter la dette que nous avons contractée les uns envers les autres ? » *Et si ei qui plus amavit, plus de-*

(1) Oratio, III, n° 6.

betur, quanam mensura charitatem eam metiar, qua vos mihi charitas mea tanquam ære alieno devinxit (1) ?

Qui mieux que votre Evêque pouvait tenir un tel langage? Ce n'est pas un bourg de la Cappadoce, sans nom et sans gloire, qui excitait en lui ces transports d'un cœur reconnaissant. Il avait plu à la divine Providence de lui donner pour patrie l'une de ces cités où les avantages de la nature se joignent aux traditions de l'histoire pour en faire un lieu privilégié. Elle avait certes de quoi lui inspirer une noble fierté, cette grande et belle ville où l'Océan semble venir au-devant des flots que lui apporte l'artère centrale de la France, comme pour réunir en ce point de rencontre les richesses et l'activité de deux mondes; cette reine du commerce et de l'industrie, avec ses vieux souvenirs, son passé glorieux, ses longs siècles d'indépendance et de luttes contre l'étranger; cette antique Eglise arrosée du sang des Donatien et des Rogatien, fécondée par les travaux des Clair, des Félix et des Emilien, restée vierge de toute hérésie, aussi peu accessible aux intrigues du calvinisme qu'aux violences de la Révolution, et se retrouvant après dix-huit siècles de lumières et de vertus, avec sa vieille foi bretonne, ferme comme le granit de ses côtes, robuste comme les chênes de ses forêts. L'enfant de Nantes reçut de toutes ces choses une impression qui ne s'effaça plus de son cœur; et l'attachement pour sa ville natale vint désormais prendre une place à jamais marquée parmi tous les nobles sentiments qui devaient gouverner et remplir sa vie.

C'est qu'en effet il y avait trouvé ce qui est plus encore que le bienfait de la naissance, le don de la foi et de la vie divine. Aucune autre faveur ne lui semblait comparable à celle-là, et

(1) Oratio, III, n° 7.

l'on pouvait répéter de lui ce que saint Grégoire de Nazianze disait de saint Césaire : « Le premier et le plus beau titre à ses yeux fut d'être et de se nommer chrétien : « *Ad dignitatem hoc primum erat quod christianus esset et nominaretur* (1). » Ces sentiments, puisés de bonne heure au foyer domestique, ne pouvaient que se fortifier sous la conduite des maîtres qui dirigeaient alors les grandes écoles de Nantes. L'enseignement y avait reçu une forte impulsion, grâce à l'initiative d'un homme qui peut compter à bon droit parmi les meilleurs apologistes de la religion chrétienne, et auquel il n'a manqué que des circonstances moins difficiles et une plus grande fermeté de caractère pour jeter sur le siége de Nantes un éclat incontestable. Duvoisin avait relevé de leurs ruines ces institutions abattues par la tempête révolutionnaire, quand l'abbé Fournier vint y achever son éducation littéraire et théologique. Il était facile dès lors de surprendre en lui le germe des qualités précieuses que nous devions admirer plus tard : cet esprit ouvert, vif et pénétrant, qui savait se mouvoir avec aisance dans tout ordre d'idées; cette brillante imagination, où la nature venait se refléter avec ses riches couleurs; ce jugement fin et délicat que l'étude des œuvres d'art et le commerce des intelligences d'élite devaient perfectionner sans peine; et par-dessus tout, cette nature expansive, qui se répandait volontiers au-dehors, sans toutefois s'y absorber, n'allant au-devant de l'amitié que pour y trouver une nouvelle occasion de dévouement. Si je ne craignais de m'approprier jusqu'au bout les paroles du grand orateur que je citais tout à l'heure, j'appliquerais au jeune séminariste de Nantes ce que saint Grégoire disait de son frère : « Autant il l'emportait par l'étude et par l'application sur ceux qui avaient la conception rapide, autant surpassait-il les esprits laborieux par la promptitude du

(1) Orat., VII, n° 10.

coup-d'œil » : *ut volucri ingenio prædítos studio et diligentia, ita studiosos et industrios ingenii celeritate superabat* (1). Aussi fut-il jugé capable d'enseigner à un âge où d'ordinaire l'on se contente d'apprendre; et les premières chaires de belles-lettres et de philosophie ne parurent pas au-dessus d'un disciple qui dès le début s'annonçait comme un maître.

C'était l'heure où un grand mouvement se produisait dans l'Eglise de France. Un écrivain de premier ordre entraînait les esprits par la fascination d'un talent plein de vigueur et d'éclat. Secouer l'indifférence d'un siècle au sein duquel les sophistes avaient affaibli l'esprit religieux, opposer l'autorité de la tradition au rationalisme engendré par le doute cartésien, briser les vieilles entraves que l'exagération de la puissance civile avait apportées à la liberté de l'Eglise, resserrer les liens avec Rome pour assurer aux souverains et aux peuples la meilleure des directions et la plus haute des garanties, voilà le caractère que présentait à l'origine ce mouvement d'idées, l'un des plus puissants qui aient traversé notre époque. Heureux si, dans la poursuite d'une telle fin, l'impétueux polémiste n'avait pas ébranlé les bases mêmes de la raison, en plaçant toute certitude dans le consentement général; s'il n'avait pas confondu, dans le vague de ses conceptions, l'ordre naturel avec l'ordre surnaturel, l'autorité divine de l'Eglise avec le sens commun de l'humanité; s'il n'avait pas cherché en bas le pouvoir qui vient d'en haut; si, à force de déclamer contre les abus, il ne s'était pas attaqué à l'essence même des institutions les plus respectables; et si enfin, en voulant couper court à l'arbitraire, il n'avait pas, dans l'intérêt prétendu de la vérité, ouvert le champ à tous les excès d'une liberté sans frein ni

(1) *Ibid.*, 7.

limites. De telles erreurs, nourries par un orgueil indomptable, devaient le conduire aux abîmes où nous l'avons vu descendre sans dignité et sans profit, donnant la main à ceux-là mêmes qu'il avait combattus si victorieusement, révolté contre l'Eglise dont il avait répudié la doctrine, révolté contre l'ordre social qu'il entendait bouleverser de fond en comble, révolté contre lui-même au point d'arracher de sa vie les pages qui en avaient fait la grandeur et la gloire.

Avec les aspirations généreuses qui faisaient le fond de sa nature, l'abbé Fournier ne pouvait rester insensible aux ardeurs d'une lutte qui semblait promettre de si heureux résultats. Mais à l'exemple de quelques autres intelligences d'élite que l'abbé de La Mennais avait pu éblouir un instant, mais non pas subjuguer, aussi éloigné d'un blâme prématuré que d'un enthousiasme irréfléchi, il sut discerner bien vite le bon grain de l'ivraie. Attentif à ces controverses qui passionnaient les esprits, il n'en retint que ce qu'il fallait en retenir, la nécessité de rompre à jamais avec un gallicanisme étroit et impuissant, et la ferme résolution de chercher désormais dans une communion plus étroite et plus intime avec l'Eglise romaine les vraies conditions de la vie et de la liberté religieuses. C'est ainsi qu'à toutes les époques de l'histoire la Providence sait tirer le bien du mal; et lors même que les instruments dont elle se sert deviennent infidèles à leur mission, leur action demeure malgré eux, dégagée des erreurs qu'ils voulaient y mêler, et se prolongeant dans la seule mesure vraiment utile au plan divin et aux intérêts de l'Eglise.

Ce n'était pas là toutefois, dans les luttes de la doctrine, que l'abbé Fournier allait trouver sa véritable voie. La carrière de l'enseignement ne devait être pour lui qu'une préparation au ministère paroissial. Là, mes Frères, se trouvaient les devoirs et les fonctions qui répondaient davantage à ses aptitudes et à ses goûts. Sublime, mais redoutable position que celle du pasteur des âmes vivant au milieu du monde et n'étant pas du monde; étranger aux affaires du siècle, auquel néanmoins mille liens le rattachent; obligé de voir dans chaque famille la sienne propre, sans appartenir à aucune; redevable à tous et n'ayant le droit de se refuser à personne; appelé sans cesse à guérir dans les autres des plaies qu'il doit ignorer en lui-même; ne demandant à ses semblables que de connaître leurs souffrances pour leur laisser leurs plaisirs; toujours prêt à ouvrir à l'infortune un cœur qu'il tient fermé aux passions; prompt à se rendre où son ministère l'appelle, heureux dans la solitude que sa vocation lui crée, et ne négligeant pas plus le soin de l'intérieur pour les occupations du dehors que le travail de l'extérieur pour la culture du dedans, comme le disait si bien saint Grégoire le Grand : *Internorum curam in exteriorum occupatione non minuens, exteriorum providentiam in internorum sollicitudine non relinquens* (1); allant sans cesse des hommes à Dieu pour lui offrir leurs prières, et de Dieu vers les hommes pour leur annoncer le pardon; et se tenant ainsi entre le temps et l'éternité, le pied sur la terre où s'accomplit sa mission, la face vers le ciel d'où lui viennent la lumière et la force!

Le curé de Saint-Nicolas de Nantes était admirablement doué pour un tel ministère. Il possédait à un haut degré cet art de diriger les âmes sans trop peser sur elles, et en leur laissant le mérite de leur action propre, alors même qu'elles suivent l'inspiration d'autrui; cette bonté attrayante et communicative qui sait trouver facilement le chemin des cœurs et obtenir quelquefois du charme d'une conversation familière ce que l'on demanderait en vain au discours le mieux étudié; cette ac-

(1) *Pastor*, 2 p. c. I.

tivité d'esprit qui, sans se lasser jamais, va d'une œuvre à une autre, créant, développant, perfectionnant, et ne connaissant de limites que les besoins des âmes ; ce don si rare et si précieux d'approprier la parole de la foi à tous les âges et à toutes les conditions, et de se plier aux formes simples du catéchisme avec la même facilité qu'aux exigences plus hautes de la conférence dogmatique ; et, ce qui est le couronnement de tout le reste, cette charité compatissante qui, dans ses efforts pour soulager toutes les misères, se laisse entraîner à la seule imprudence que l'on ne se sente pas le courage de blâmer, celle de ne pas savoir calculer, lorsqu'il s'agit de venir au secours des pauvres et des malheureux. C'est bien au curé de Saint-Nicolas que l'on pouvait appliquer ces belles paroles de saint Ambroise : « Le propre du prêtre, c'est de ne nuire à personne, et de vouloir être utile à tout le monde ; quant à le pouvoir, Dieu seul en a le moyen : » *Sacerdotis est nulli nocere, prodesse velle omnibus ; posse autem solius est Dei* (1). Est-il besoin de nommer cet orphelinat de Sainte-Marie, qui devait arracher à la misère et au vice tant de jeunes filles, placées désormais à l'abri de tout péril sous l'action bienfaisante et salutaire de la religion ; cette maison de Bon-Secours pour les ouvrières infirmes ou sans travail ; ces conférences de Saint-Vincent de Paul qu'il eut le mérite d'introduire à Nantes, dans un temps où cette grande institution ne faisait que de naître, devinant ainsi tout le bien que pourrait opérer une milice chrétienne si ardente et si dévouée ? Faut-il rappeler ces confréries, ces associations de piété, ces réunions charitables dont il était l'âme, et auxquelles il ne cessait de prêter le concours de sa parole, toujours recherchée avec le même empressement et

(1) *De Officiis ministrorum*, l. III, c. IX.

accueillie avec la même faveur dans le cours d'un si long ministère, parce qu'elle jaillissait du cœur comme d'une source intarissable? Rarement, je ne crains pas de le dire, la charge pastorale aura été exercée de nos jours, dans la direction d'une paroisse, avec un tel ensemble de qualités et un si grand succès.

Aussi ne suis-je pas étonné, mes Frères, de l'estime et de la sympathie universelles qui s'attachaient parmi vous au nom de l'abbé Fournier. On le vit bien, lorsque dans une circonstance mémorable, le suffrage de ses concitoyens vint l'enlever pour un temps à son paisible ministère, pour l'appeler à siéger dans les conseils de la nation. Notre infortunée patrie allait tenter, pour la dixième fois peut-être, l'une de ces expériences politiques auxquelles on la dirait condamnée, depuis que, sortie de ses voies traditionnelles, elle s'obstine à chercher ailleurs les conditions de la vie et la stabilité des institutions. Les pouvoirs publics étaient à terre, confirmant par leur chute cette loi de l'histoire que l'usurpation appelle la révolte. Les hommes, qui avaient assumé la lourde tâche de rétablir l'ordre troublé par eux, n'annonçaient pas dès le début les desseins qu'ils devaient manifester plus tard. Etait-ce calcul de leur part? Ou bien n'était-ce pas plutôt un reste de cette éducation chrétienne que l'athéisme et le matérialisme, si audacieux depuis lors, n'avaient pas encore réussi à ruiner complétement? Il ne m'appartient pas de le dire. Toujours est-il que les passions irréligieuses ne se montraient pas à l'origine de ce mouvement, auquel mon sujet m'oblige à toucher. Volontiers l'on rendait hommage à la religion, au zèle de ses ministres, aux vertus et au dévouement qu'elle inspire. On l'appelait à bénir ce qui semblait devoir être l'emblème des institutions nouvelles: la voix publique conviait des évêques, des prêtres, et ce n'étaient pas les moins illustres, à prendre leur part d'action dans l'œuvre commune. Bref, devant de telles démonstrations, il n'était pas interdit d'espérer; difficile aujourd'hui en présence de tout ce qui se passe, l'illusion était possible il y a trente ans. Pourquoi n'avouerai-je pas qu'au milieu de ces aspirations plus généreuses que fondées, le curé de Saint-Nicolas de Nantes ne fut pas des derniers à concevoir quelque espérance? Son dévouement aux classes ouvrières lui faisait désirer la solution équitable des problèmes épineux qu'a soulevés l'industrie moderne, tandis que, d'autre part, la liberté de l'enseignement chrétien repoussée par le précédent régime avec une opiniâtreté si aveugle était au nombre de ses vœux les plus ardents. Pourquoi faut-il que tant de bons esprits ne se soient pas rencontrés dès lors dans la même pensée, pour comprendre que l'on ne refait pas plus le tempérament d'un peuple que celui d'un individu, qu'il est impossible d'arracher un organe essentiel, vital, du corps d'une nation, sans la frapper de mort ; et que pour maintenir une société dans les conditions normales de sa force et de sa vie, il est nécessaire avant tout de conserver au milieu d'elle, haute et respectée, la grande institution centrale avec laquelle et par laquelle un pays est né, a vécu, a grandi, a prospéré, s'est développé, ne faisant qu'un avec elle, et trouvant dans cette alliance féconde, à travers toutes les vicissitudes de son histoire, la garantie souveraine et permanente de sa grandeur et de son unité.

C'est avec bonheur qu'à l'expiration de son mandat, subi plutôt que recherché, l'abbé Fournier retourna vers sa chère paroisse de Saint-Nicolas, à laquelle il allait désormais consacrer les efforts d'un zèle qui ne devait plus souffrir de partage ni d'interruption; et c'est alors, mes Frères, que vous l'avez vu s'appliquer avec une ardeur infatigable à la grande œuvre qui a illustré pour toujours son ministère paroissial. Quand saint Grégoire de Nazianze voulait résumer dans un dernier trait l'éloge de son père, il montrait à ses auditeurs la splendide église dont le vénérable défunt avait doté sa ville natale : il se plaisait à la décrire de la base jusqu'au faîte, avec ses riches portiques, ses vastes nefs, ses colonnes élancées ; et il s'écriait dans l'enthousiasme de la piété filiale : « Comment passer sous silence une telle œuvre, qui par sa grandeur l'emporte sur la plupart de nos monuments, et par sa beauté les surpasse presque tous » : *opus profecto haud silentio dignum, cum magnitudine quidem plurima, pulchritudine vero cætera omnia pene superet* (1). « Ce cri d'admiration et de reconnaissance, vous l'avez entendu sortir de toutes les bouches lorsque, il y a un an à peine, le sceau de la consécration divine venait s'imprimer au temple majestueux que votre ville comptera désormais parmi ses plus beaux ornements : chef d'œuvre d'intelligence et d'initiative de la part du jeune prêtre qui, à une époque où le goût du public était encore si peu formé, avait osé réagir l'un des premiers contre une tendance déplorable, pour ramener l'art chrétien à ses vraies traditions ; monument insigne de la générosité de tout un peuple, heureux de s'associer aux pieuses industries d'un zèle qui, pour égaler les ressources aux besoins, s'ingéniait de mille manières à trouver de quoi faire face aux difficultés d'une entreprise réputée impossible ; témoignage à jamais éclatant de ce que peut obtenir le pasteur des âmes, quand c'est la sollicitude envers son troupeau, que l'on sent monter de son cœur à ses lèvres, pour animer sa parole et dominer tous ses actes. Il n'y avait qu'une pensée qui, dans ce jour de commune allégresse, fût absente de tous les esprits, c'est qu'en marquant de l'huile sainte ces murs élevés au prix

(1) Orat., XXIII, 39.

de tant de sacrifices, et en vous faisant entendre à cette occasion sa parole mieux inspirée que jamais, l'auteur d'une telle œuvre chantait son *Nunc dimittis*, et se préparait dans un court intervalle, à quelques pas de sa chaire, la place de son tombeau.

Mais écartons pour un moment ces funèbres pensées, afin de suivre jusqu'au bout le récit d'une vie que nous n'avons pas encore embrassée dans tout son cours. Après de si longs services il ne semblait pas possible qu'un tel mérite ne dût pas franchir un jour le second rang de la hiérarchie, pour briller au premier d'un éclat nouveau. Ce sentiment que nous éprouvions tous était le vôtre, mes Frères, quand vos vœux, devançant le choix de l'autorité, s'exprimèrent hautement dans une manifestation d'autant plus imposante qu'elle était plus spontanée. Pour montrer tout ce qu'ils avaient de légitime, il eût suffi d'ailleurs du suffrage de l'illustre archevêque dont la pourpre romaine vient de couronner les travaux et les vertus, et qui mieux que personne pouvait apprécier ce qu'une amitié de cinquante ans lui avait fait connaître (1). Vous aviez vu à l'œuvre le prêtre éminent qui, depuis près d'un demi siècle, se dévouait pour ses frères de Nantes et pour l'Eglise ; devant un passé qui répondait si sûrement de l'avenir, vous pensiez que son cœur ne ferait que se dilater avec sa famille spirituelle, qu'une plus haute charge deviendrait pour lui la source d'un plus grand mérite, en lui fournissant l'occasion de déployer davantage ses rares qualités. Il m'est doux de pouvoir vous montrer dans la deuxième partie de mon discours que l'évènement n'a pas trompé vos prévisions, et qu'après comme avant son élévation à l'épiscopat, Monseigneur Fournier a justifié la devise qu'il s'était choisie et dans laquelle j'ai renfermé tout son éloge, à la suite de l'historien des Machabées : *Hic est fratrum amator et populi Israel.*

(1) Son Eminence le cardinal Brossais-Saint-Marc, archevêque de Rennes.

II

« Avez-vous été constitué le chef d'une réunion d'hommes, disait le Sage, ne vous élevez pas dans votre esprit ; mais soyez parmi eux comme l'un d'eux : » *Rectorem te posuerunt? Noli extolli; esto in illis quasi unus ex ipsis* (1). Telle fut la maxime de Monseigneur Fournier, lorsque, choisi du milieu de ses frères, hier encore leur égal, il se vit le lendemain leur supérieur et leur père. Rien ne parut changé ni dans son langage, ni dans ses habitudes. Tel on l'avait vu, dans son presbytère, doux, bienveillant, accessible à tous, accueillant avec une égale bonté grands et petits, riches et pauvres, tel on allait le retrouver dans son palais épiscopal, avec un air et un ton de paternité auxquels une plus haute dignité ne ferait qu'ajouter un nouveau charme. Oui, laissez-moi le dire en toute simplicité, c'était toujours le curé de Saint-Nicolas, que tous avaient connu, avec la seule différence que sa paroisse était devenue un diocèse : même affabilité souriante, même condescendance envers tout le monde. Non pas qu'il fût homme à laisser le pouvoir faiblir entre ses mains : mais tout en le voulant fort et respecté, il s'appliquait à l'exercer sans faste et sans hauteur. Il avait appris de saint Ambroise que si l'inférieur a besoin de sentir l'autorité,

(1) Eccli. XXXII, 1.

quand les circonstances l'exigent, l'humilité ne doit jamais manquer au supérieur : *Nec auctoritas desit inferiori, si res poposcerit, nec humilitas superiori* (1). Voilà pourquoi, suivant le conseil du saint évêque de Milan, il avait soin de ne rien mêler de trop rude à ses avertissements, et de ne pas faire du reproche un outrage : *Neque monitio aspera sit neque objurgatio contumeliosa* (2). Aussi lent à croire le mal que prompt à reconnaître le bien, il oubliait volontiers les torts que l'on avait eus à son égard, et la calomnie elle-même, on le sait assez, le trouvait sans fiel. En toutes choses, il cherchait ce sage tempérament dans lequel saint Grégoire le Grand plaçait le vrai caractère de la puissance spirituelle : « Il faut savoir joindre la douceur à la sévérité, et faire de l'une et de l'autre un heureux mélange, de telle sorte que les subordonnés ne s'irritent pas d'une rigueur extrême, ni ne se relâchent par suite d'une indulgence excessive : » *Miscenda ergo est lenitas cum severitate, faciendum quoddam ex utroque temperamentum, ut neque multa asperitate exulcerentur subditi, neque nimia benignitate solvantur* (3). Il en coûtait peu à Monseigneur Fournier de mettre en pratique des maximes qui répondaient si bien à ses propres sentiments ; il lui suffisait pour ainsi dire de se laisser aller au mouvement de son cœur ; et cette qualité dominante lui a valu son ascendant sur les âmes. Car si l'intelligence et le caractère sont ici-bas deux grandes forces, l'homme n'a toute sa puissance et toute son élévation que par le cœur : il n'y a pas de mesure plus complète de sa valeur devant Dieu ; et si c'est la tête que l'on a coutume de couronner sur la terre, au ciel on ne couronne que le cœur.

(1) S. Ambroise, *de Officiis minist.*, l. III, c. IX.
(2) *Ibid.*, III, XXII.
(3) *Reg. past.* pars II, c. VI.

Le concile du Vatican venait de suspendre ses mémorables séances, quand le nouvel évêque se vit appelé à prendre possession du siége des Clair et des Félix. Veuve de son premier pasteur depuis de longs mois, l'illustre Église de Nantes n'avait pas eu la consolation de se voir représentée dans ces solennelles assises de la chrétienté ; mais la renommée de votre foi y était, mes très-chers Frères ; mais votre attachement au Saint-Siége, manifesté par les offrandes de votre générosité, et plus encore, par l'héroïsme de vos fils, mais votre zèle à soutenir les divines prérogatives du successeur de saint Pierre n'était ignoré de personne ; et nul n'aurait été plus digne d'en témoigner que celui dont le dévouement et les convictions n'avaient jamais connu à cet égard la moindre défaillance. Pouvait-il ne pas souscrire d'avance et avec joie aux décisions de l'auguste assemblée, lui, qui, simple prêtre, n'avait cessé de tourner ses regards du côté de Rome pour y chercher la vraie lumière ; lui, qui, dans les conseils du diocèse et à une époque où les meilleurs ne savaient pas se défendre d'une certaine hésitation, n'avait pas craint de demander, en place d'une réforme incomplète, le retour pur et simple à la liturgie de l'Eglise mère et maîtresse de toutes les autres. Il était avec nous d'esprit et de cœur, l'écrivain distingué qui, dans des pages émues, avait célébré devant l'élite de sa ville natale les grandeurs incomparables du pontificat suprême (1). Ses vœux étaient les nôtres ; il applaudissait de loin à des efforts qu'il ne pouvait seconder, se bornant à aider de ses prières ce qu'il eût aimé soutenir par sa parole et par ses actes. Aussi l'avez-vous vu, le jour même de sa consécration épiscopale, monter dans cette chaire, pour y promulguer solennellement les décrets qui venaient de mettre en pleine lumière

(1) *Voyage à Rome*, par M. l'abbé Fournier, curé de Saint-Nicolas, Nantes, 1864.

la divine constitution de l'Eglise, en plaçant désormais à l'abri de toute contestation l'autorité souveraine et infaillible de son chef. A défaut d'une participation plus directe au fait capital de notre époque, un tel empressement à le célébrer était du moins pour le Pontife nouvellement consacré un mérite, et pour l'Eglise de Nantes un honneur.

Il était temps, mes Frères, que le monde chrétien vît ses vœux accomplis. Déjà l'orage grondait de toutes parts; et il semblait que Dieu ne voulût retenir la foudre suspendue sur la tête des peuples que pour permettre au Concile d'achever en paix une tâche aussi glorieuse que féconde. Les derniers échos de la grande voix du Vatican allaient se perdre au milieu des cris de guerre qui commençaient à retentir d'un bout de l'Europe à l'autre. Lamentables événements, dont j'aimerais à écarter le souvenir, s'ils n'avaient fourni au pieux évêque l'occasion de faire éclater son dévouement pour ses frères : *Hic est fratrum amator*. Avec quels sentiments de tristesse patriotique ne voyait-il pas la justice de Dieu passer sur son pays comme une tempête, renversant toutes nos prospérités, humiliant toutes nos grandeurs et semant partout l'épouvante et la ruine ? En même temps qu'il bénissait les efforts presque désespérés de nos braves soldats, avec quelle généreuse indignation ne réprouvait-il pas l'égoïsme de ces hommes de parti plus préoccupés de mettre à profit nos malheurs publics pour le triomphe de leur ambition personnelle, que d'arracher la France aux mains de l'ennemi ? Quelle n'était pas sa douleur de voir les plus pernicieuses doctrines reparaître au grand jour après les calamités dont elles avaient été la principale cause, et se servir de ces calamités mêmes pour souffler au cœur des peuples la haine et l'irréligion? Quel accent de charité compatissante dans l'appel qu'il vous adressait, mes Frères, en faveur de ces malheureux exilés, qui après avoir été les premiers à porter le poids de nos revers, avaient noblement bravé l'indigence, plutôt que de rompre les liens qui les attachaient à la mère-patrie ! Et surtout, que d'éloquence chrétienne et d'amour dans ce cri d'un père, levant les bras vers le ciel devant les périls qui menaçaient ses enfants, et leur donnant rendez-vous à tous par une consécration solennelle, dans le Sacré-Cœur de Jésus, pour y oublier leurs divisions et y trouver leur salut ! L'église votive des saints Donatien et Rogatien, des martyrs patrons de la cité, s'élevera au milieu de vous comme un mémorial splendide, pour rappeler à toutes les générations futures qu'au plus fort de nos désastres, en face d'un danger imminent, votre évêque n'avait au cœur qu'une pensée, celle de préserver sa ville natale et son diocèse des horreurs de l'invasion étrangère, méritant ainsi, une fois de plus, cet éloge de nos Livres saints : *Hic est fratrum amator et populi Israel.*

Ce n'est pas, toutefois, dans quelques actions d'éclat seulement, mais bien plutôt dans le train ordinaire de la vie, qu'il faut chercher le vrai mérite d'un homme. Saint Basile voulant célébrer, dans un évêque de son temps, les qualités d'un ministère fructueux, plaçait en première ligne l'activité pastorale : « Parler, écrire, donner des avis soit par vous-même soit par d'autres auxquels vous confiez cette mission, c'est lui disait-il, votre occupation de tous les instants : « *Quippe qui nullum tempus intermittas disserendi, admonendi, scribendi ac subinde mittendi qui optima commoneant* (1). Par son application constante aux devoirs de sa charge, Monseigneur Fournier n'était pas au-dessous de la louange que je viens d'emprunter au grand évêque de Césarée. Succédant à un saint

(1) Ep. LXIX, n. 5.

Prélat, dont le ferme esprit ne laissait en souffrance aucune branche de l'administration, mais que ses infirmités empêchaient depuis longtemps de se mettre en communication plus directe avec son troupeau, il se crut obligé d'apporter à la visite des paroisses un zèle d'autant plus actif; et quel zèle! Vous seuls pourriez en témoigner complétement, prêtres éminents qu'il s'était associés dans ses travaux, vous, qui l'avez vu parcourir pendant sept années les campagnes de ce vaste diocèse, répandant sans relâche la semence de la parole sainte, se prodiguant du matin au soir avec une ardeur qui ne semblait plus de son âge, ne se refusant à aucune fatigue pour répondre aux vœux d'un peuple avide de le voir et de l'entendre, charmant tous ceux qui l'approchaient par l'à-propos de ses réponses et les vives saillies de son esprit non moins que par l'aménité de son caractère, trouvant un mot gracieux pour chacun, et ne quittant le travail de la veille que pour se préparer à celui du lendemain. Longtemps encore vos religieuses populations garderont le souvenir de cette douce et vénérable figure qu'elles voyaient apparaître avec tant de bonheur et qui, dans sa touchante simplicité, leur retraçait si bien l'image du bon Pasteur.

Mais, quelle que puisse être son activité pastorale, ce n'est pas assez pour un évêque de travailler par lui-même à fortifier dans son troupeau la foi et la piété; pour accomplir sa tâche, il a besoin d'appeler à son aide d'autres dévouements. Sans doute c'est parmi ses prêtres qu'il doit chercher et qu'il trouve toujours son principal appui; et cet appui, mes Frères, est d'une fermeté inébranlable, lorsqu'il s'agit d'un clergé tel que le vôtre. Monseigneur Fournier était fier de ses coopérateurs dans le ministère des âmes; et il avait droit de l'être : né au milieu d'eux, élevé avec eux, il avait pu apprécier de longue date leur science et leurs vertus. Mais y a-t-il pour le collége sacerdotal lui-même des auxiliaires plus utiles que les membres de nos grandes familles religieuses, la fleur et l'ornement de l'Eglise? Où trouver, dans une plus large mesure, l'esprit de sacrifice et d'abnégation? Pourrions-nous rendre à nos diocèses un plus grand service que d'y multiplier ces foyers de prière et de charité d'où les bénédictions divines rayonnent sur toute une ville et sur toute une contrée? Une foi profonde et une piété sincère avaient fait pénétrer ces convictions au cœur de votre évêque. Quand l'illustre restaurateur de Solesmes rencontrait au début de son œuvre le doute et la méfiance, un jeune vicaire de Nantes avait été l'un des premiers à comprendre sa noble entreprise et à soutenir son courage. L'évêque ne pouvait démentir le prêtre; et la suite allait répondre à de tels commencements. Oui, saintes âmes qui êtes venues depuis peu grossir cette phalange d'élite déjà si nombreuse dans la ville et dans le diocèse de Nantes, humbles servantes de Marie Réparatrice, pieuses filles de saint Augustin qui êtes sorties de ma ville épiscopale comme un rejeton béni, enfants de saint François d'Assise, dont l'ardente parole va enflammer les âmes déjà touchées par l'austérité de votre vie, vous n'oublierez jamais dans vos prières le pieux Pontife qui vous a introduits au sein de sa famille spirituelle; vous serez l'un des fleurons de sa couronne dans le ciel, comme vous aurez été l'un de ses titres de gloire sur la terre!

Je le sens, mes Frères : pendant que je résume à grands traits la carrière apostolique de votre évêque au milieu de vous, votre pensée devance ma parole. Vous suivez dans toutes ses directions le mouvement d'un zèle que les limites du diocèse ne parvenaient pas à contenir. En même temps que vous le voyez, autre Félix, déployer dans l'achèvement de son église cathédrale une activité que nul obstacle ne parvenait à décourager, vous vous transportez en esprit dans ces lieux de pèlerinage que la divine bonté a marqués de nos jours par tant de merveilles, à Lourdes, à Paray-le-Monial, à Saint-Martin de Tours; vos souvenirs y accompagnent l'éloquent prélat conduisant lui-même l'élite de son troupeau, priant, prêchant, édifiant les multitudes par la ferveur de sa dévotion. Vous êtes avec lui en Irlande où il va payer, au nom de l'épiscopat français, le tribut de l'admiration et de la reconnaissance à la mémoire de l'un des plus nobles défenseurs de la liberté religieuse dans les temps modernes. Et enfin vous le suivez du cœur dans la ville éternelle, où d'une basilique à l'autre, il marche à la tête de ses diocésains, leur donnant l'exemple de la piété et les enflammant par une éloquence qui n'avait jamais trouvé d'accents plus chaleureux, avant de résumer les sentiments de sa chère Bretagne dans ce cri d'amour, poussé au pied du trône pontifical : « Tout y est à vous, Saint-Père, les cœurs, les dévouements, les vies... » Hélas! ce devait être sa parole suprême. Mais cette parole, mes Frères, elle retentira dans votre histoire; vous l'enregistrerez dans vos annales comme le testament spirituel de votre Père en Dieu. Toujours, l'Eglise de Nantes honorera la mémoire de cet évêque, qui, chargé d'ans et de mérites, était allé porter au vicaire de Jésus-Christ l'hommage de son diocèse, et terminer sa carrière dans l'accomplissement de cette tâche glorieuse, la face tournée vers son peuple qu'il bénissait de loin, et vers l'Eglise romaine au sein de laquelle il allait rendre le dernier soupir comme le fils qui meurt dans les bras de sa mère.

Et c'est ainsi, vénéré Frère, que par votre mort comme par votre vie vous avez justifié la devise qui a servi de thème à tout mon discours : *Hic est fratrum amator et populi Israel.*

Pour moi qui, depuis mon entrée dans cette chère province de Tours, ai vu tant de deuils se succéder les uns aux autres, je ne puis que vous redire après saint Grégoire de Nazianze : *Habes hæc a nobis* (1). Agréez cet adieu suprême d'un frère qui vous était sincèrement dévoué ; cet hommage d'une église sœur et voisine de la vôtre. Je le sais, ces liens séculaires, vous alliez encore les resserrer sous peu, en donnant à la grande œuvre qui nous préoccupait tous un concours d'autant plus précieux qu'il était plus réfléchi. Pour être achevé ici-bas, votre ministère de dévouement à l'égard de vos frères, j'aime à le penser en toute confiance, n'en sera pas moins continué dans le ciel. A l'exemple du prophète Jérémie, vous prierez pour le peuple et pour toute la cité sainte : *Hic est qui multum orat pro populo et universa sancta civitate* (2). Et quel objet plus digne de votre sollicitude que le choix du pontife appelé à vous succéder dans la charge épiscopale ? Quand saint Basile voulait consoler les fidèles d'une église veuve de son premier Pasteur, il leur disait : *Damnum quidem sentiamus*, sachons comprendre et sentir toute l'étendue de la perte que nous avons faite ; mais ne nous laissons pas succomber à la douleur, *at dolori minime succumbamus* ; unissons plutôt nos prières afin que le Dieu de toute sainteté prenne soin de son troupeau, *ut Deus sanctus suum ovile curet*, et qu'il vous donne un pasteur selon son cœur et sachant vous conduire dans les pâturages du salut, *vobisque donet pastorem secundum suam voluntatem, qui vos cum scientia pascat* (3). Les prières de votre évêque, jointes aux vôtres, mes Frères, vous auront mérité cette insigne faveur ; et

(1) Orat, XLIII. 28.
(2) II Machabées, XV, 14.
(3) Epist. LXII.

devant un tel bienfait, vous écrirez avec d'autant plus de bonheur sur le monument que vous destinez à perpétuer cette grande mémoire, les mots qui la résument tout entière : *Hic est fratrum amator et populi Israel*. Ainsi soit-il !

Paris. — E. de Soye et Fils, imp., pl. du Panthéon, 5.

www.ingramcontent.com/pod-product-compliance
Ingram Content Group UK Ltd.
Pitfield, Milton Keynes, MK11 3LW, UK
UKHW021036200726
13857UKWH00004B/1753

9 782013 046589